세상의 모든 아침

세상의 모든 아침

초판 1쇄 인쇄　2011년 1월 10일
초판 1쇄 발행　2011년 1월 15일

지은이 | 김희성
펴낸이 | 金泰奉
펴낸곳 | 도서출판 띠앗
등　록 | 제4-414호

편　집 | 박창서, 김주영, 김미란, 이혜정
마케팅 | 김영길, 김명준
홍　보 | 장승윤

주　소 | (우143-200) 서울시 광진구 구의동 243-22
전　화 | (02)454-0492(代)
팩　스 | (02)454-0493
이메일　ddiat@ddiat.co.kr
홈페이지　www.ddiat.co.kr

값 6,000원
ISBN 978-89-5854-082-3 (03810)

*잘못 만들어진 책은 구입하신 서점에서 친절하게 바꿔드립니다.

세상의 모든 아침

김희성 지음

도서
출판 떼앗

시인의 말

삶에 감사한다.
다 같이 행복하길 빌며…

김희성

차례

시인의 말 · 5

Chapter 1

1 사랑은 사랑하는 것이다 · 13
2 무슨 일을 할 때에는 · 14
3 행복의 조건 · 16
4 혼자 있는 시간 · 18
5 이 겨울에 나는 · 20
6 휴양차 잠시 · 22
7 거기 산을 찾는 까닭 · 24
8 참된 행복 · 26
9 여름인가 보다 · 27
10 세상의 모든 아침 · 28
11 나무에서 꽃이 피고 열매가 맺기까지 · 30
12 여치의 죽음 · 31
13 지금 비가 오는 세상 밖에는 · 32
14 가을 · 34
15 자연에서 · 36
16 새해 · 38
17 차 한 잔의 여유 · 39
18 행복은 · 40
19 어디에도 물들지 않는 연꽃처럼 · 41
20 생의 복판 · 42

Chapter 2

21 내가 할 수 있는 것 · 45
22 인생 사계 · 46
23 신의 섭리 · 48
24 나는 · 49
25 지상에서 가장 서글픈 날들에 · 50
26 길 없는 길 · 52
27 눈 속에 비친 세상 · 53
28 무사도 · 54
29 언제나 곁에 있어 좋은 사람 · 55
30 잠 · 56
31 봄날은 온다 · 57
32 젊은 날의 엽서 · 58
33 그리운 날에 · 59
34 봄날은 간다 · 60
35 삶의 역설 · 61
36 나와 나의 삶 · 62
37 뜰 앞에 서서 · 64
38 인생 · 66
39 다시 자연에 돌아와 · 68
40 사랑의 이율배반 · 70
41 나를 배반할지라도 · 71
42 사랑의 의미 · 72

Chapter 3

43 지식의 덫 · 75
44 나만의 여유 · 76
45 삶의 이면 · 78
46 벼는 익을수록 · 79
47 생명의 소중함 · 80
48 사랑 · 82
49 나 스스로 · 83
50 차 향기와 더불어 · 84
51 사랑의 이름 하에 · 85
52 마음의 밭을 가는 자 · 86
53 자전거에 들어온 세상 · 88
54 세월의 강 · 90
55 지금 이 순간에도 · 91
56 당신에게 알맞은 일 · 92
57 그런 사람 · 94
58 기도의 종소리 · 96
59 꽃은 · 97
60 예수와 마주칠지라도 · 98
61 친구 · 99
62 겉과 속 · 100

Chapter 4

63 세월이 흐른 후 · 103
64 존재의 하늘 · 104
65 평범한 것을 깨닫기까지 · 106
66 불행의 원인 · 108
67 선생님의 지혜 · 109
68 에고이즘 · 110
69 진리의 비유 · 111
70 평범한 하루 · 112
71 한겨울에도 · 113
72 삶을 위한 조언 · 114
73 세상에 나와 있는 말들 중에서 · 116
74 타인의 죽음 · 118
75 추수 · 119
76 참된 앎 · 120
77 인간의 존재 · 121
78 삶의 계획서 · 122
79 인연 · 123
80 내 인생은 나의 것 · 124
81 청춘별곡 · 126
82 그리고 나를 만든 것 · 128

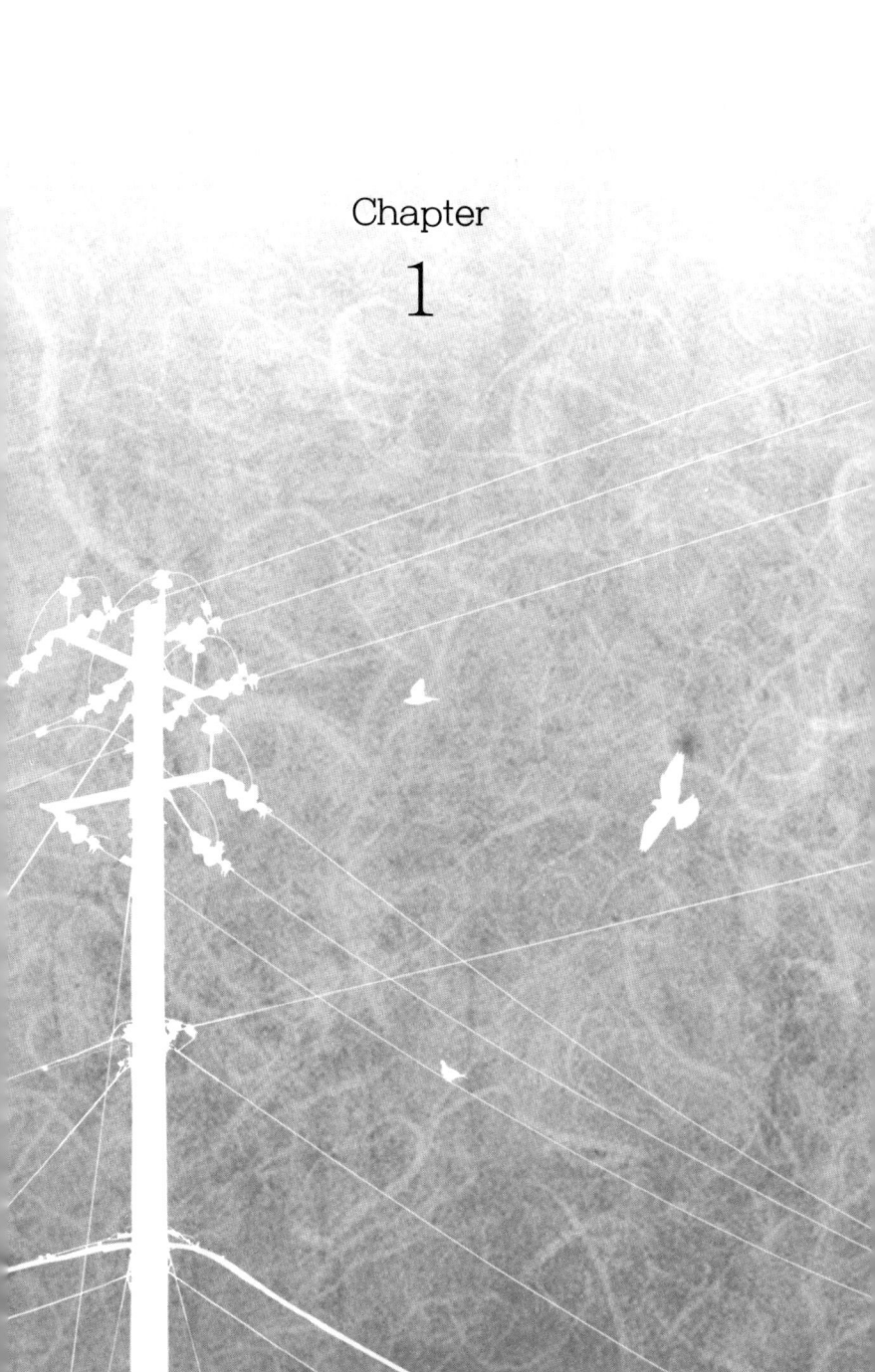

Chapter 1

사랑은 사랑하는 것이다

헤어질 것이 두려워
한시라도 사랑하는 것을 늦추지 말아야 하겠다
만남은 헤어짐을 목적으로 한다 해도
좀 더 후회 없이, 아낌없이 주어야 하겠다
헤어짐의 아쉬움보다는
좀 더 열심히, 열심히 사랑하지 못한
슬픔이 더 큰 까닭이다
사랑은, 사랑은 그저 사랑하는 것이다

무슨 일을 할 때에는

무슨 일을 할 때에는
너무 겉모습에 치우쳐서 하면 안 된다
꼭 무엇이 되어야만 한다는 것이 아니라
굳이 잘하려고만 애쓰지 말고
하고자 하는 그 일을 통해서
내가 먼저 내 안에 혼연일치 되었는가
일과 내가 하나가 되어
조화롭게 울릴 수 있어야 한다
중요한 것은 일을 잘하고 못하고를 떠나서
내가 얼마나 나의 중심을 향해
정확한 활시위를 당길 수 있는가
제아무리 큰일도 자기와 조화를 못 이루면
쉽게 부서지고 깨지기 쉬운 법
그렇게 되면 그 어떤 큰 것도 작은 것이 되어
그만 어설프고 멀게만 느껴질 뿐이다
제아무리 작고 사소한 것일지라도
또 하찮고 보잘것없는 것일지라도
자기와 훌륭한 하모니를 이루면

그 어떤 일도 언제 어느 때든지 가볍고 즐거우며
실로 큰 것이 되어
친하고 가깝게 느껴지는 것이다
그런 아름다움은 언제나 빛을 잃지 않는다

 행복의 조건

사람의 나이는 시간에 따른 것이 아니다
삶을 보는 그의 눈 맑은 깊이와 무게로써 말해준다
그때 사람은 비록 겉모습은 늙어 변하여 가도
본질적인 것 속에서 젊어진다
우리는 깨달음의 텃밭을 땀 흘려 일구지 않고
얼마나 곧잘 어른이 되어 가는가

살다 살다 자기도 모르게
왠지 마음 한구석이 허전하니 쓸쓸해지고
또 허무해지는 것도 알고 보면
진짜로는 자기가 아무것도 모르고 있기 때문이다
그만큼 무의식적으로 살아왔다는 것이다

자기 안에 아무리 많은 정보의 양을 가지고 있어도
그것이 어디까지나 지식이고 기억인 이상
내 삶의 마른 공백을 채워주지는 않는다
잠시나마 일시적인 만족의 여분을 줄 뿐
나의 행복을 찾아주지는 않는다

진정 자기 안에 삶에 대한 무량한 지혜와 사랑
생의 밀도를 재는 엄밀한 어떤 것이 없다면
어디에서 내 삶의 행복을 찾고 발견하며
구하고 얻을 것인가

참된 배움이란 지식이나 기억의 때가 아닌
더욱이 인격의 수양과 같은 교양과목이 아니라
자기가 살면서 손수 체험하고 깨달은 것
온전히 이해하고 넘어간 것
오직 자기 내면의 중심에서 나온 것
죽어서도 내가 불변하게 가지고 갈 수 있는 것이다

 혼자 있는 시간

사람이 살면서 참 어려운 것이
혼자서 살아가는 일이 아닌가 싶다
혼자서 사는 일은 힘이 들고 외롭다

그래서 혼자서 사는 사람은
볼품없이 초라해지기 쉽고
자칫 무기력한 삶에 빠지고 만다

누가 있건 없건 상관없이
자기 스스로 삶을 살아야 하고
또 개척해 가야 한다
그 누구도 삶을 대신해 말할 수 없다

혼자서 사는 일은
남다른 노력이 필요하다
특히나 창조적인 노력이 뒷받침되어야
삶을 살아가는 데 한결 수월해진다

혼자 있는 시간은
내겐 무엇보다 소중하다
삶의 찌든 때와 소음으로부터 벗어나
잠시 나와 마주하는 그런 시간에
나는 말할 수 없이 행복하다

두고두고 내 자신을 찾는 일에
온통 쏟아 부을 수 있다

이 겨울에 나는

갑갑했던 세상을 잠시 뒤로하고
나는 이 겨울에 나를 돌아보는 일로써
그렇게 내 자신의 삶과 만나고 싶다

숨 가쁜 세상 속에서
잊고 사는 것이 얼마나 많은가

할 수만 있다면 나는 최대한대로
그리고 아무것도 않고
있는 그대로 삶을 만끽하고 싶다

겨울이 오면 한동안 겨울잠을 자는 동물처럼
나 또한 그 속에서 함께 찾아보고 싶고
산등성이에 있는 벌거벗은 나무들처럼
세상 그 어떤 시름과 속박에서도
구애받지 않는 사람이 되어 보고 싶다

세상에는 훌륭하고 필요한 사람이 많다
그중의 또 한 사람의 필요한 존재가 되기보다도
때로는 어디에도 필요치 않는
그런 사람이 되어 봄직도 하다

이 겨울에 나는 그간의 쌓인 피로를 씻고
때 묻지 않은 자연으로 돌아가
어디에도 물들지 않는 사람 되어
다시 새봄에 새 길 찾아 떠나는
영원한 나그네이고 싶다

 휴양차 잠시

휴양차 잠시 동생 집에 들렀다
갑갑한 도시에만 있다가
이런 한적한 시골에 와 있으니
그간에 쌓인 모든 피로가
다 풀릴 것만 같다

탁 트인 시야에서
산천초목을 바라보는 것만으로도
얼마나 큰 행복인가

한낮에 창문을 활짝 열어놓고
조용히 세상 밖에 귀 기울이고 있으면
시름도 잠시 이내 모든 게 새로워진다

한동안 집에만 있다가
막상 이렇게 떠나고 나니
그 안의 모든 게 새롭고 신기하다
새삼 살아있음에 감사한 마음이 든다

어느덧 저무는 하루해와 함께
지난날들을 돌아보게 된다

거기 산을 찾는 까닭

우리가 산을 찾는 것은
산이 거기 그렇게 있기 때문이 아니라
자연과 함께 사는 법을
배우기 위해서다

산을 오르고 내리는 가운데
온갖 번뇌와 망상 집착으로부터
자기가 다스려진다
온전히 살아있다는 느낌을 받는다

산에는 꽃이 피고 꽃 지는 일만 아니라
우주 삼라만상이 한데 어울려
하나의 산을 이루고 있다

거기 산에 올라보면
무엇이 참이고 무엇이 그른지
금세 깨닫게 된다

때 묻지 않고 순수한 자연 앞에
시름과 상념 모두 벗어 놓고
오직 순수한 마음으로 자연을 대하게 된다

그야말로 모든 분별을 잃고
더없이 자유로워진다

# 참된 행복

진실은 사람마다 다를 수 있다
그가 무엇을 보고 무엇을 이해했느냐에 따라
보는 방법뿐 아니라 삶의 가치가 달라진다
심지어 사물의 외형까지 변한다
결국 내가 아는 것이 없으면
그만큼 보는 것에도 한계가 있게 마련이다
그 안의 빛과 모든 소리 그 향기마저 달라진다
누구는 같은 크기의 밥그릇을 놓고
애물단지로 생각하는가 하면
누구는 애지중지한 보물처럼 여기기도 한다
이와 같이 생각하는 것에 따라서는
관점이 크게 달라진다
그러나 무엇보다 참된 행복은
그가 무엇을 어떻게 보는가가 아니라
내가 얼마나 타인을 위해 살았으며
또한 거기 얼마나 정직하게 살았는가에 달려있다
그런 사람은 죽어서도 행복하고
늘 변함이 없다

여름인가 보다

여름은 여름인가 보다
다시 무좀이 재발하는 것을 보니

세상의 모든 아침

매우 맑고 화창한 날
아침 일찍 모든 것을 지켜보는 가운데
저 문밖 세상에 귀 열어두고 있으면
어느새 소리 없는 기쁨이 찾아와
입가에 잔뜩 미소가 돈다
형언할 수 없는 충만감에 싸여
나도 모르게 미소 짓는다
정적만이 감도는 그런 뉘엿뉘엿한 시간
세상에 둘도 없이 아름다운 날
거기 누군가 떠들고 이야기하는 소리
이웃집에서 그릇 닦는 소리
하수구에 물 내려가는 소리
저 멀리 공사장에서 들려오는 굉음
오토바이 지나가는 소리
트럭에서 가득 물건 파는 소리
누군가 크게 음악을 트는 소리
이 모든 소음들이 마치 공명한 가락처럼
내 안에 소리 없는 소리가 되어

이루 말할 수 없이 아름다운 하모니를 낸다
문득 세상과 하나가 된 내 자신을 발견한다
오늘도 분주한 일상 속에서
저마다 각기 다른 목소리를 갖고
힘찬 하루를 열어 가고 있다

나무에서 꽃이 피고 열매가 맺기까지

오늘 나무를 심는다고 해서
당장 꽃이 피고 열매를 맺는 것은 아니다
참고 기다리는 시간이 필요하다
그런 인내가 없으면
나무든 새든 꽃이든 사람이든 무르익을 겨를이 없다
정작 바랄 것만 바란다면
제풀에 먼저 자기가 지치고 만다
하나의 나무에서 꽃이 피고 열매가 맺기까지
먼저 알맞은 토양이 있어야겠고
그런 다음 적당한 수분과 적절한 온도
때에 따라서는 시시각각 변하는 풍향과 풍속
바람 또한 따라주어야 한다
모든 것이 제자리에 있어야만
그 자리서 꽃이 피고 열매를 맺다가
비로소 새로운 씨앗으로 거듭난다

여치의 죽음

어느 날 뜰 앞을 서성이다가
문득 장미나무에 시선이 멈췄다
가까이 살펴보니 어느 틈에
잔뜩 해충이 잎을 갉아먹고 있었다
그러던 찰나에 농약사에서 살충제를 사다가
마침 나는 해충을 박멸했거니 생각했다
그런데 바로 그곳 풀섶에는
여치가 함께 살고 있었다

지금 비가 오는 세상 밖에는

빗소리에 문득 귀가 솔깃해서
성큼 문을 열고 밖을 내다보니
어느새 굵은 빗줄기가
우레와 같이 쏟아진다

하염없이 쏟아지는 빗줄기 속에
마냥 가슴이 설렌 나머지
한편 무척 포근하다

그래서 비가 오면
누구나 가슴이 더 따듯해지는가 보다

펄펄 끓는 물에 가득 차를 따라
조용히 빗소리와 함께 잠기다 보면
절로 운치와 정감이 들어
더욱 잔잔한 행복감이 밀려든다

말없이 세상 밖을 물끄러미 보노라면
온갖 케케묵은 때들이 씻길 것만 같아
왠지 가슴 한구석이 훈훈하니
이내 답답했던 마음이 뻥 뚫린 것처럼
속이 한결 후련하다

온종일 집에서
은밀한 그 말씀에 귀 기울이고
그동안 쌓인 모든 때를
말끔히 씻고 싶다

 가을

계절이 떠나고 있다
이별을 이야기하고 있다

나뭇잎 하나에 추억과
나뭇잎 하나에 쓸쓸함과
나뭇잎 하나에 외로움

가을은 시인의 계절
가을은 고독의 계절
가을은 나그네의 계절

저마다 그리운 가슴에
자신의 이름
세 글자가 되어
그대로 물음표가 된다

낯선 이방인이 된다

우수수

멀어져 가는 세월을

한없이 쳐다만 본다

 자연에서

시골에 온 지도 벌써 몇 개월
늘 자연 곁에 생활하다 보니
마음이 한결 여유롭고 홀가분하다

차츰 마음의 때가 가고
다시 본연의 내가 되어
순진무구한 어린이가 된다

자연 앞에 마주함으로써
거기 본래 지닌 그 모습 그대로
한 그루 청정한 나무가 된다

시골에서 맞는 아침은
그 어느 때보다 조용하고 한가롭다
널리 평화로운 가운데
모처럼 만끽하는 느긋한 시간 속에
자그마치 푹 빠져든다

일찌감치
자연에 대한 경외심 속에
생명의 소중함을 깨닫게 된다

 새해

한 해가 가고 또다시 한 해가 왔다
지난 한 해 동안의 일들이 잠시 스쳐 가는 사이
마치 오랫동안 무거웠던 마음의 짐을 더는 듯
자못 홀가분하고 숙연해진다
몸도 마음도 다 같이 경건해진 것처럼
더욱 부푼 꿈에 마냥 가슴이 뛴다
날마다 새롭게 출가하란
어느 스님의 말씀이
오늘따라 무척 가슴 깊이 와 닿는다

차 한 잔의 여유

아침 일찍 새소리에 실려
숲이 일제히 깨어나고 있다

창문 가득 비치는 햇살이
방안에 훤하다

그런 시각
차(茶)와 함께 오롯한 시간을 즐기면
텅 빈 충만감에
새삼 말할 수 없이 행복하다

삶의 여유에 한층 향기롭다

행복은

행복은 어느 먼 미래에 있는 것이 아니라
그때그때 내 마음이 흐뭇하고 저절로 평온해질 때
그것이 행복이다

행복한 생각을 하면 행복의 그림자가 따르고
불행한 생각을 하면 불행의 그림자가 따른다

행복해지기 위해서는
무엇보다 긍정적인 생각이 중요하다

행복은 내가 무엇을 얼마만큼 가지고 있는 것이 아니라
얼마나 더 자유롭게 존재하는가에 있다
무엇을 위한 자유가 아닌 무엇으로부터의 자유인가

나는 지금 이 자리서 이렇게 행복하다

어디에도 물들지 않는 연꽃처럼

비록 세상이 어지럽다고 하나
달리 어떤 세상이 있어
지금과 같은 삶을 이룰 것인가

때로 외롭고 힘이 들지만
혹 지금의 삶이 아니면
내가 과연 어떻게 존재할 것인가

수많은 생명 중에
갓 인간으로 태어난 것만도
나는 신께 크게 감사한다

그래서 그 누구도 아닌
나는 내 자신의 삶 속에서
가장 나다운 꽃을 피우고 싶다
연꽃이 진흙 속에 피면서도
결코 진흙에 물들지 않는 것처럼

 생의 복판

떠나야 하리
잠시 주춤했던 세계로부터
얼마동안의 여유와 안정
고정된 틀로부터
다시 고동치기 위하여

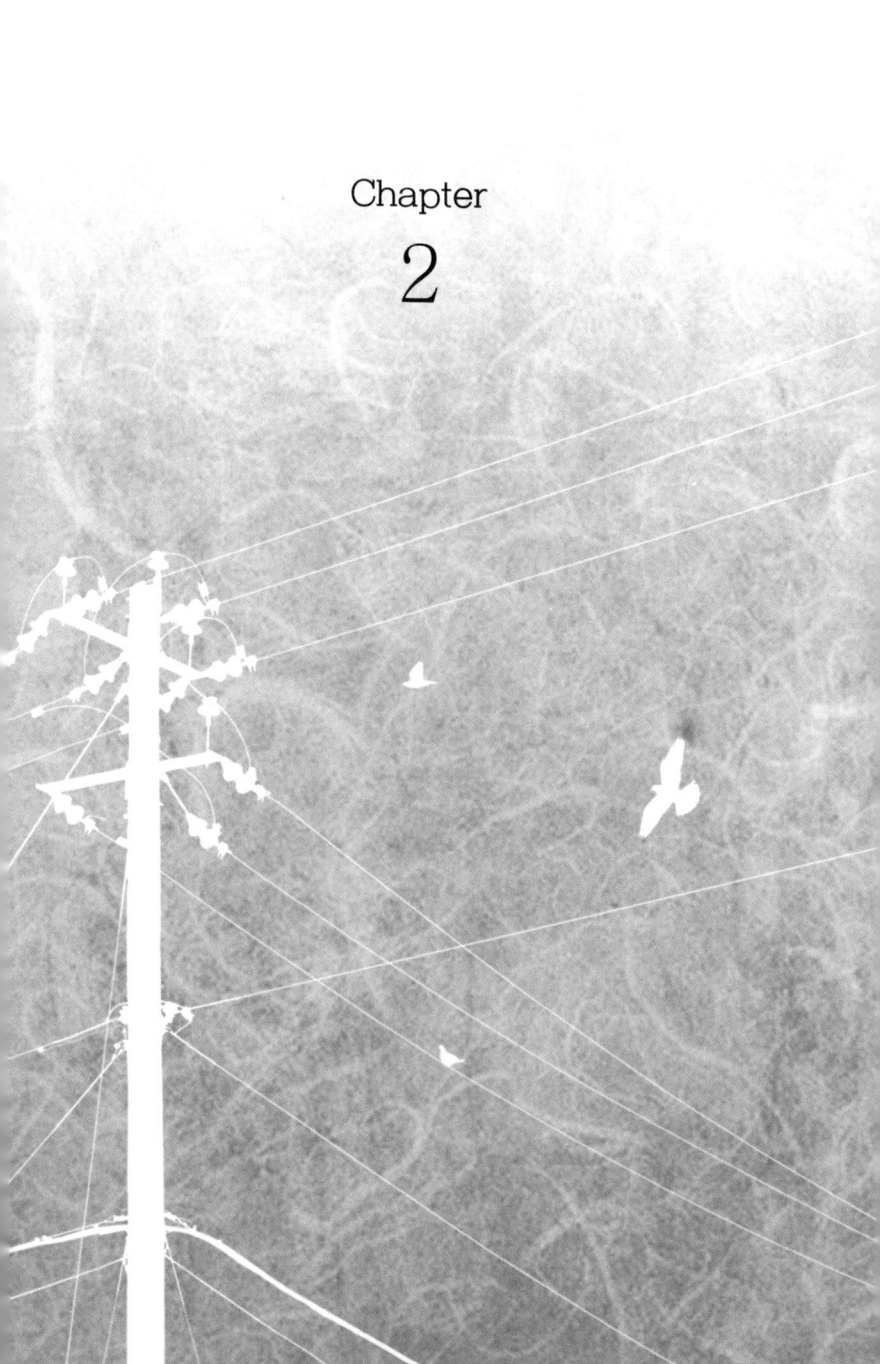

Chapter 2

내가 할 수 있는 것

나는 내가 아무것도 할 수 없다는 것을 안다
고작 컴퓨터를 켰다 껐다
영화를 보고 글을 쓰고 차를 마시고
간혹 누군가에게 전화를 건다거나
밀린 영수증은 없는지 혹 살펴보고
가끔은 남들처럼 취해도 보고
이것저것 온갖 궁리를 하는 가운데
그 밖에도 무수한 잡다한 일상 외에는
그러다가 막상 아무런 할 일이 없으면
나는 그저 앉아서 지켜본다
그러면 모든 것이 완벽하게 아름답다

 인생 사계

봄이 가고 여름이 오고 가을이 가고 겨울이 왔다
그리고 다시 봄이 왔다

그동안에도 여러 번의 봄 여름 가을 겨울
그리고 지금과 같은 봄이 있었다

세월이 지남에 따라 세상도 달라졌고
그때마다 내 자신도 조금씩 변했다

더러는 좋은 날도 있었고 궂은 날도 있었다

머리는 더 희끗희끗해졌고
눈가에 주름은 더 늘었으며
그에 비해 말수는 더 줄어들었다

오랜 시간 찾아 헤매던 방황은
고스란히 나의 가슴이 되었고

사랑과 이별은 다 같이 빛이 되었다

이제 나는 안다, 삶이 무엇인지

# 신의 섭리

온갖 악행을 겪어보지 않은 사람이
어떻게 참된 선행을 알겠으며
온갖 퇴폐와 향락에 젖어보지 않은 사람이
어떻게 탐욕과 사랑을 알겠으며
온갖 절망에 방황해보지 않은 사람이
어떻게 참된 희망을 알겠으며
온갖 어리석음에 빠져보지 않은 사람이
어떻게 자신이 누구인지 알겠는가

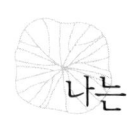 나는

나는 화가가 되고 싶었다
그러나 나는 화가가 되지 못했다
그리고 나는 또 시인이 되고 싶었다
그러나 역시 시인이 되지 못했다
나는 노동자가 되었다
그러나 이번에도 노동자는 되지 못했다

지상에서 가장 서글픈 날들에

그랬다
한때는 세상을 몹시 저주하여
온통 울분에 찬 심정에
세상을 가득 증오했었다

누군가 옆에 있으면
나는 그를 향해 소리침으로써
마구 분노를 토했다
그리고 마침내 그를 울렸다

그랬다
나는 항시 슬픔에 젖어 있었다
나의 두 눈에 잔뜩 눈물이 고여 있었다
왜인지 모를 설움이 흐르고 있었다

그렇게라도 하지 않으면
나는 도저히 내 자신을 견딜 수 없을 것 같은 생각에
세상 끝까지라도 달리고 싶었다

누군가 나를 간절히 사랑해 주길 원했지만
매번 나의 곁엔 단 한 사람도 아무도 없었다

 길 없는 길

이 세상에 길은 많다
그러나 길은
누가 언제 어떤 식으로
가느냐에 따라 다르다

중요한 것은
내가 무엇을 먹고
무슨 일을 하며 살 것인가가 아니라
어떻게 사는 것이
가장 인간답게 사는가가 중요하다

눈 속에 비친 세상

누구나 좋든 싫든 태어난 이상
살 수밖에 없다
하지만 무엇을 어떻게 살 것인가
일단은 부딪쳐 보아야 한다
그러려면 또 어디로든 가야만 한다
가다 보면
길가에 핀 꽃들과 새들과 강
많은 것들을 만나게 된다
그 속에서
당신의 눈을 통해 보여지는 것은
다름 아닌 당신의 마음이다
기쁨 슬픔 절망 그리고 환희!
그것들이 당신 속에 없었다면
어떻게 또 당신이
그것들을 맛보고 경험하겠는가

 무사도

예로부터 무사들 간에는
각자의 기량을 알아보기 위해
간혹 진검 아닌 진검승부가 펼쳐졌다
그들 손에는
진검이나 다를 바 없는 목검을 들고
서로 상대방을 향해
필사적으로 달려들었다
그야말로 죽기 아니면 살기였다
적의 칼에 내가 먼저 베이느냐
나의 칼에 적이 먼저 쓰러지느냐
몇 차례 위기의 순간들이 오가고
그 자리서 승부가 났다
승부가 나면 패자는 승자 앞에
한없이 겸손하고 감사했다
승자 역시 패자 앞에 같은 방식으로
한없이 겸손하고 감사했다
그들 사이에는
오직 진검만이 있었을 뿐이다

언제나 곁에 있어 좋은 사람

오늘처럼 쓸쓸한 날엔
누군가와 함께 길을 걸어보고 싶다

그냥 말없이 걸어도 좋은 사람
어디든 발길 닿는 대로
그와 함께 걷고 싶다

바람이 불면 바람 부는 대로
발길 닿는 대로
그 길 따라 단둘이 걷고 싶다

길가에 핀 꽃을 만나면
함께 웃고 함께 정겨워 하는
늘 행복한 사람
언제나 곁에 있어 좋은 사람

다시 봄이 오고 야산에 백로들이 찾아오기 시작했다
밤마다 백로들이 꽥꽥대는 소리 때문에
나는 통 잠을 이룰 수가 없었다
그러다가 문득 깨달았다
나 스스로 커다랗게 분노하고 있다는 것을
그때까지 내가 잠을 잘 못 이룬 것은
백로들이 나의 잠을 방해하고 있던 때문이 아니라
일찌감치 내가 백로들을 오해하고 있었다는 것을

봄날은 온다

겨울 동안 잠잠했던 숲이 깨어나고
얼어붙은 대지 위에 차차 땅이 풀리면서
일제히 파릇파릇한 새싹들이 조금씩 자라난다

파릇파릇 올라오는 새순들을 마주하고 서서
겨우내 땅 속 깊이 뿌리를 내리고
줄곧 생명을 키워 온 이 봄 새싹들 곁에
더욱 부푼 가슴에 진한 향내마저 전해오는 것 같아
새삼 자연의 신비에 경이롭기마저 하다

안으로, 안으로 끊임없이 자신을 살피며
끈질긴 생명력으로 오늘 저와 같이
푸른 싹을 틔운 그들 생명 앞에 존엄해진다
바야흐로 새로운 시작 새로운 탄생을 알리는
완연한 봄이다
우리가 언제까지 꿈과 희망, 용기를 잃지 않는다면
봄날은 온다

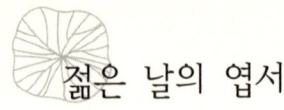 젊은 날의 엽서

한 번쯤은
저 거친 세상에
그대 자신을 온전히 맡겨보라

누구의 도움도 없이
그대 스스로 그대 자신의 무대가 되어
있는 힘껏 스스로를 시험해보라

비록 세상이
그대의 날개를 꺾고
마침내 종잇장마냥 뭉개어
곧장 쓰레기통에 처박아 버릴망정

그리운 날에

기러기 떼 하늘을 나는 날엔
나 서러워 강물 곁에 앉았었네

나 홀로 외로이 강물 곁에 앉아
흐르는 강물 바라보았네

그 흐르는 강물 따라
내 안의 그리움도 흐르고
내 안의 설움도 흘러
마냥 흘러만 갔네

그리하여 나도 그 강물 곁에
한없이 흘러만 갔네

말없이 강물 곁에 앉아
저무는 노을 바라보았네

봄날은 간다

이 봄에
어디로든 떠나가 보자

꽃잎 지는 거리를 따라
훌쩍 떠나가 보자

젊은 날의 청춘과
못다 한 사랑과
우울했던 날들을

그 거리
햇빛 쏟아지는 길을 따라
살포시 걸어가 보자

환한 미소 지으며
다시는 오지 않을 날들의
가로수 진 그늘 꽃잎 지는 새로

삶의 역설

돈이 인생의 전부는 아니지만
돈이 인생의 전부가 될 수 있다
사랑이 인생의 전부는 아니지만
사랑이 인생의 전부가 될 수 있다
성공이 인생의 전부는 아니지만
성공이 인생의 전부가 될 수 있다

 나와 나의 삶

나는 누구보다 열심히 일했다
남들이 꼬박 이틀을 세는 동안
나는 단 하루 만에 할 수가 있었다

막상 일이 싫증나면
나는 몽땅 하던 일을 때려 치고
산이나 들로 놀았다

그러다가 돈이 떨어지면
나는 또 열심히 일했다

그러다가 또 일이 하기 싫으면
나는 짐을 싸서 떠났다
그냥 아무 데로나 놀았다

나는 돈에는 관심이 없었다

나는 일이 하고 싶으면 했고
하기 싫으면 안 했다

 뜰 앞에 서서

이른 봄 뜰 앞에 나와 있으니 집이 한결 아늑하고 포근하다. 그새 담장마다 푸른 싹이 잔뜩 하다. 모란 작약 철쭉, 그 밖의 가지들이 금세라도 꽃을 활짝 피울 것만 같아 새삼 자연의 신비에 절로 감탄이 난다

그 어느 때보다 봄기운이 만연한 가운데 겨우내 언 땅 끝에서 조금씩 싹이 올라와 수줍게 인사를 한다

막상 아무런 하는 일 없이 집안에만 있다 보니 하루하루가 어떻게 가는 줄도 모르고 금세 시간이 간다. 매일 조금씩 돋아나는 새싹들과 가지들을 볼 때마다 보면 볼수록 신비감에 괜한 웃음이 난다. 이대로 죽어도 좋을 것만 같은 생각에 더없이 행복하기만 하다

그리고 보면 행복은 언제나 크고 많고 먼 곳에 있는 것이 아니라 보다 작고 사소한 가까운 데에 있는 것임을 깨닫게 된다

올봄에는 여러 가지 식물들을 다 같이 가꿀 계획이다. 잠시 그런 생각에 잠겨 장차 일들을 눈앞에 그려보니 자그마치 앞으로 일들이 손에 와 닿을 듯 왠지 가슴 뿌듯하니 흐뭇하기마저 하다. 바로 이런 게 또한 행복이라면 행복이리라

봄날, 한가운데 홀로 뜰 앞에 서서 가만히 가는 세월을 덧없이 바라보니 유난히 밝은 햇살에 봄볕이 무척 따사롭다

 인생

그가 하는 일이 무엇이든 간에
열과 성의로써 최선을 다할 때
사람은 진정으로 아름답다

비록 보이지 않는 데서 일할지라도
언제나 꿈과 희망
용기를 잃지 않는 사람에겐
늘 풋풋한 삶의 향기가 난다

남다른 열정과 투지 그리고 패기가 있다
더욱이 진솔한 삶의 이야기가 있다

누가 꼭 시켜서만 한다면
그것은 타인에 의한 삶이지
자기 자신에 의한 삶은 아니다

설령 좌절과 패배
그보다 더 큰 절망을 맛볼지라도

언제 어디서나 꿈을 잃지 않고
늘 최선을 다할 때
그가 서 있는 자리마다 새 희망이 움튼다

다시 자연에 돌아와

자연에 살면서 느끼는 가장 큰 즐거움은
무엇보다 자연이 주는 그런 혜택 속에서
늘 푸른 자연과 함께
맘껏 젊음을 만끽할 수 있다는 것이
가장 큰 즐거움이라면 즐거움이요
행복이라면 행복이다

누가 나를 귀찮게 하거나 성가시게 할 사람도 없고
굳이 따지고 물을 필요가 없다
다만 자연의 품에 안기면 그만일 뿐
자연에 사는 그 자체가 행복이 아닌가 싶다

줄곧 도시에 살았던 내 자신이
온통 바보스럽단 생각에 절로 웃음꽃이 핀다

아침 일찍 맑은 바람결에
청정무공해의 대지를 흠뻑 들이 마시면
그대로 자연의 한 사람이 된다

그러고 보면 행복은
내가 무엇을 소유한 것에 의해서보다
보다 자유롭고 홀가분하게 존재하는가에 있음을
새삼 깨닫게 된다

 사랑의 이율배반

김소월은 일찍이 이렇게 노래했다
나 보기가 역겨워 가실 때에는
죽어도 아니 눈물 흘리오리다

나 보기가 역겨워 가는 사람 앞에서
눈물 따위를 흘리는 것은
정말 바보 같은 사람의 짓이다

비록 돌아서서 눈물을 흘릴망정
최대한 가는 사람의 복을 빌어주는 것이
그 사람의 사랑의 도리다

그런데도 어쩔 수 없이
돌아서서 울 수밖에 없는 것이
또한 슬픈 사랑의 운명이기도 하다

나를 비난할지라도

나를 헐뜯고 비난하는 것은 아무래도 좋지만 스스로 비관한 나머지 자신을 마구 학대한다면 내 어찌 그런 그대를 가만 보고만 있을 수 있으랴

 사랑의 의미

'사랑해'라는 말의 의미 속에는
또한 '미안해'라는 말의 의미가 있는 것이 아닐까?

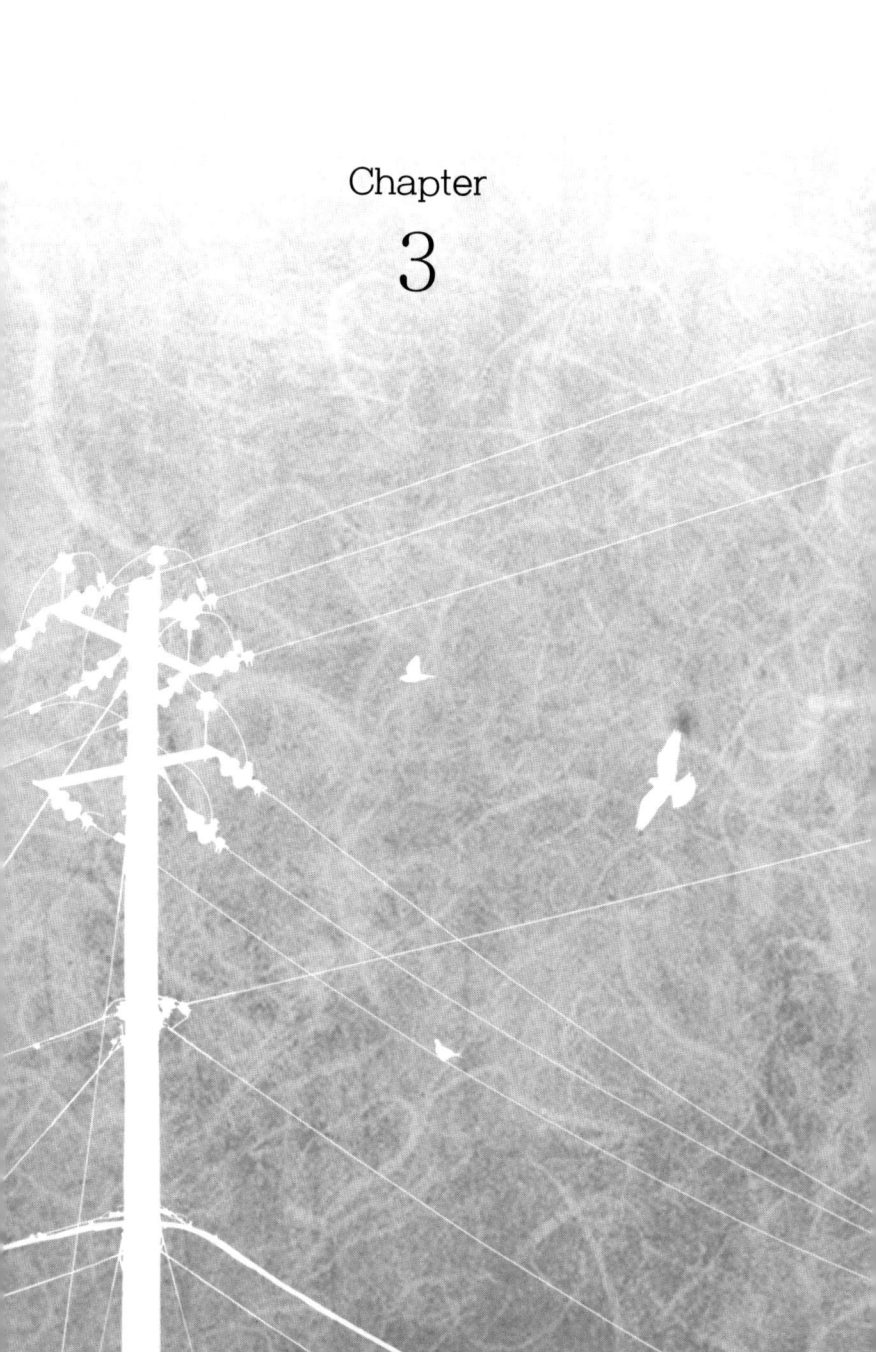

Chapter 3

 지식의 덫

 설령 그대가 수많은 책을 읽고 유창한 말솜씨로 군중을 감동케 한들 단 한 번도 그대 자신의 실체에 가닿아 본 적이 없다면 대체 그깟 지식이 한낱 여인의 몸에 두르는 장신구와 무엇이 다르랴

 나만의 여유

차츰 나이가 들어감에 따라
예전에는 미처 몰랐던 일상사 가운데
잔잔한 삶의 기쁨을 누릴 때가 많다

내가 가진 것이 많아서라기보다
오히려 마음의 여유에서 오는
그런 작은 감동 같은 데서
진정 삶의 보람을 느끼게 된다

나만의 여유라고나 할까
해서 세상 사는 또 다른 멋이 아닌가 싶다

비록 세월에 나이는 먹었을망정
그간의 고단함도 시름도 잠시
어언 무심한 가운데
보다 느긋하고 편안해서 좋다

막상 이렇게 마주하고 보니
한편 지난 세월이 꿈만 같은 듯
감개무량하니 뿌듯하니 흐뭇하기마저 하다
새삼 삶의 여유에 자그마치 행복하다

세상 이치를
조금씩 깨닫게 됨으로써
참다운 인생의 의미가 무엇인지
곰곰 되짚어 보게 된다

 삶의 이면

삶이 아름다울 수 있는 것은
삶 뒤에 언젠가 죽음이 기다리고 있기 때문이다
그리하여 매 삶이 소중하고
더욱더 뜻 깊지 아니할 수 없다
언제까지 삶이 계속된다면
누가 일생을 통해
참다운 자기 자신의 행복을 찾겠는가

벼는 익을수록

　벼는 익을수록 고개를 숙이고 사람은 나이가 들수록 더욱 겸손할 줄 알아야 한다. 그런데 겸손은커녕, 오히려 교만해지는 사람이 있다. 그런 사람에게선 매사에 늘 불평불만이 끊이지 않는다. 걸핏하면 논쟁을 벌이고 아무 데서나 목에 핏대를 세우며 남의 핀잔을 주는 등 잘되면 나의 탓 잘못되면 남의 탓으로 돌리기 일쑤다. 일찍이 자기 자신밖에 모르는 매우 이기적인 사람이다. 형제의 눈 속에 있는 티는 보면서도 결코 자신의 눈 속에 있는 들보는 보지 못한다

 생명의 소중함

삶의 가장 기본적인 진리는
살아있는 생명을 함부로 대하거나
해치지 말아야 한다는 것이다

살아있는 생명을 함부로 대하는 데에는
남과 이웃
자기 자신뿐 아니라
살아있는 모든 생명이 포함된다

비록 하찮고 보잘것없는 것일지라도
마구잡이로 해치고 해하려 든다면
그것은 곧 자기 자신을 망각한 행위일 뿐 아니라
존재에 대한 커다란 불신이다

이 세상 모든 생명은
제각각 따로 떨어져 있으면서도
우주의 조화 속에
다 같이 질서를 이루며

하나의 끈으로 이어져 있다

그런 생명을
함부로 해치는 것은
곧 자기 자신을 파괴하는 짓이다

 사랑

책임지지 않는 사랑은
한낱 말장난에 불과할 뿐
사랑의 우롱에 지나지 않는다
분명 값싼 동정일 테니까

처음부터 사랑하지 않을 것이면
아예 사랑 따위는
하지도 않는 편이 훨씬 낫다
사랑의 쓴 독약의 잔을 들 테니까

나 스스로

나 스스로 심판자가 되어
내가 나를 심판하지 않는다면
그 누가 나를 심판하겠는가!

 차 향기와 더불어

그윽한 차 향기와 더불어
아침 한 때의 좌정을 나는 몹시 사랑한다

그윽한 차 향기에 실려
바깥 세상에 귀 열어두고 있으면
마치 온 세상이 고요한 듯
잠잠하고 평온하다

그런 시간에
나는 말할 수 없이 행복하다

사랑의 이름 하에

누군가를 사랑한다는 것으로
그 사람을 힘들게 한다면
과연 그것이 사랑일까?

마음의 밭을 가는 자

잠시 세상에 대한 미련일랑 떨쳐버리고
그간에 미처 헤아리지 못한
그대만의 시간에
온전히 자신을 내맡겨 보라

온갖 불필요한 거추장스러운 것들과
잡동사니 같은 집착들
그것들을 있는 그대로 놓아둔 채
멀찌감치 떨어져
다만 지켜보라

무엇이 오고 가는지
무슨 일이 어떻게 생기고 사라지는지
그리고 무엇이 당신을 그토록 오랫동안
한곳에 집착케 하였는가에 대해

비록 세상이 송두리째
생의 한가운데 불길 속에 내던질지라도

온전한 이해만이
그대의 것이며
마침내 더없는 깨달음 속에
참된 빛
참된 사랑
참된 삶이 있나니

진리가 곧 그대의 것

자전거에 들어온 세상

한적한 산책로를 따라
자전거를 타고
쌩하니 달리면
온몸에 맑고 시원한 바람이
몹시 상쾌하다

하늘을 날 것 같은 기분에
한눈에 가득 세상이 눈앞에 들어온다

저 멀리 푸른 산과 들
티 없이 맑은 하늘

바람에 몸을 맡긴 채
허공을 가르면
이내 영혼마저 적실 듯
더없이 상쾌하다

졸졸졸
개울가를 따라
흙냄새 온갖 풀냄새 하며
이름 없는 모든 것들이
다 같이 여기 노래한다

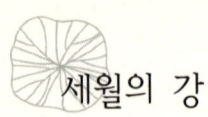 세월의 강

그대로

강물이 되어 본 사람은 안다

슬픔 또한

눈물의 한 조각인 것을

지금 이 순간에도

매순간 삶은 변한다
당장 눈앞의 현실로 나타나 보이지 않지만
지금 이 순간에도
계속해서 삶이 변하고 있다는 데에는
누구도 부정할 수 없는 사실이다
같은 오늘일지라도
어제의 오늘과 내일의 오늘이 다르다

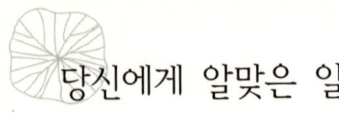# 당신에게 알맞은 일

당신에게 어울리는 일이 있고
나에게 어울리는 일이 있다

당신에겐 당신만의 알맞은 일이 있고
나에겐 나만의 알맞은 일이 있다

어떤 일은 당신이 했을 때
어떤 일은 내가 했을 때
보다 잘 어울린다

그 일은 당신이
또 어떤 것은 내가!

'왜 나는 안 되지'라고
매번 단념하듯 스스로를 포기하지 마라

단지 시간을 가지고 천천히 지켜보라
모든 일에는 시작과 끝이 있다

아직 완성되지 않은 밑그림에 지나지 않을지라도
그 또한 당신만의 가능한 일이니까

그러므로 한 가지 사실을 기억하라
그 누구도 당신만큼 잘 할 수 없다는 것을

 그런 사람

내가 기쁠 때나 슬플 때나
말없이 묵묵히 행하는 사람
홀로 길을 가는 사람
좋은 운명 나쁜 운명 탓하지 않고
내가 가진 것에 만족할 줄 알고
남의 것에 결코 탐내지 않는 사람
남이 나를 업신여기거나
무슨 말을 할지라도
너그럽게 용서할 줄 아는 사람
다만 말이 없고 소박한 사람
넓은 마음과 깊은 헤아림으로
공명심을 잃지 않는 사람
제 아무리 어렵고 힘든 일이 닥쳐도
꿋꿋하게 사는 사람
항시 희망을 잃지 않는 사람
단지 자연의 본성에 따라
오직 행할 바를 행하는 사람
매사에 긍정적이고

감사히 여기는 사람
세상에 있으나 세상 밖에 있으나
늘 한결같은 사람

 기도의 종소리

종종 세상과 담을 쌓고
내가 나에게서마저 버림을 받을 때
까닭 없이 두 무릎 꿇고 간절히 기도드릴 때가 있다
온갖 비탄에 잠긴 슬픔에
저 자신도 모르게 다만 기도를 올리게 된다
일찍이 세상은 얼마나 괴롭고 괴로우며
고통으로 가득 찼는가
내가 할 수 있는 것이 아무것도 없음에
한없이 초라하다
인간이란 얼마나 나약하고 무기력한 존재인가
그저 한없이 초라한 내 자신 앞에
자그마치 세상을 원망한들 무슨 소용이 있으랴
그처럼 어리석고 못난 내 자신이 곧 이내 허물이거늘
기쁨도 슬픔도 한순간 꿈에 불과할 뿐
세상만사 모두가 부질없고 덧없다
흐르는 세월은 말이 없건만
누구를 위하여 종은 울리는가

 꽃은

꽃은
저마다 홀로 피면서
향기는 제각각 다르다

빨간 꽃은
빨간 꽃대로

흰 꽃은
흰 꽃대로

꽃은
옆의 무슨 꽃이
어떻게 피든지 간에

자기 나름대로
꽃을 피울 따름이다

예수와 마주칠지라도

    길거리에서 우연찮게 예수와 마주칠지라도 내가 항상 깨어있지 않고서 금방 내 옆을 예수가 막 지나가더라도 행여 그가 누구인지 어찌 알아볼 것인가

 친구

참된 친구는 질투를 낳는다
나를 질투케 하는 친구를
내 어찌 사랑하지 않으랴

 # 겉과 속

겉으론 웃고 있으면서도
속으로 울 때가 있고

속으론 웃고 있으면서도
겉으로 눈물이 날 때가 있다

기쁘다고 해서
꼭 기쁜 것만은 아니고

슬프다고 해서
꼭 슬픈 것만은 아니다

기쁨 속에 슬픔이 있고
슬픔 속에 기쁨이 있다

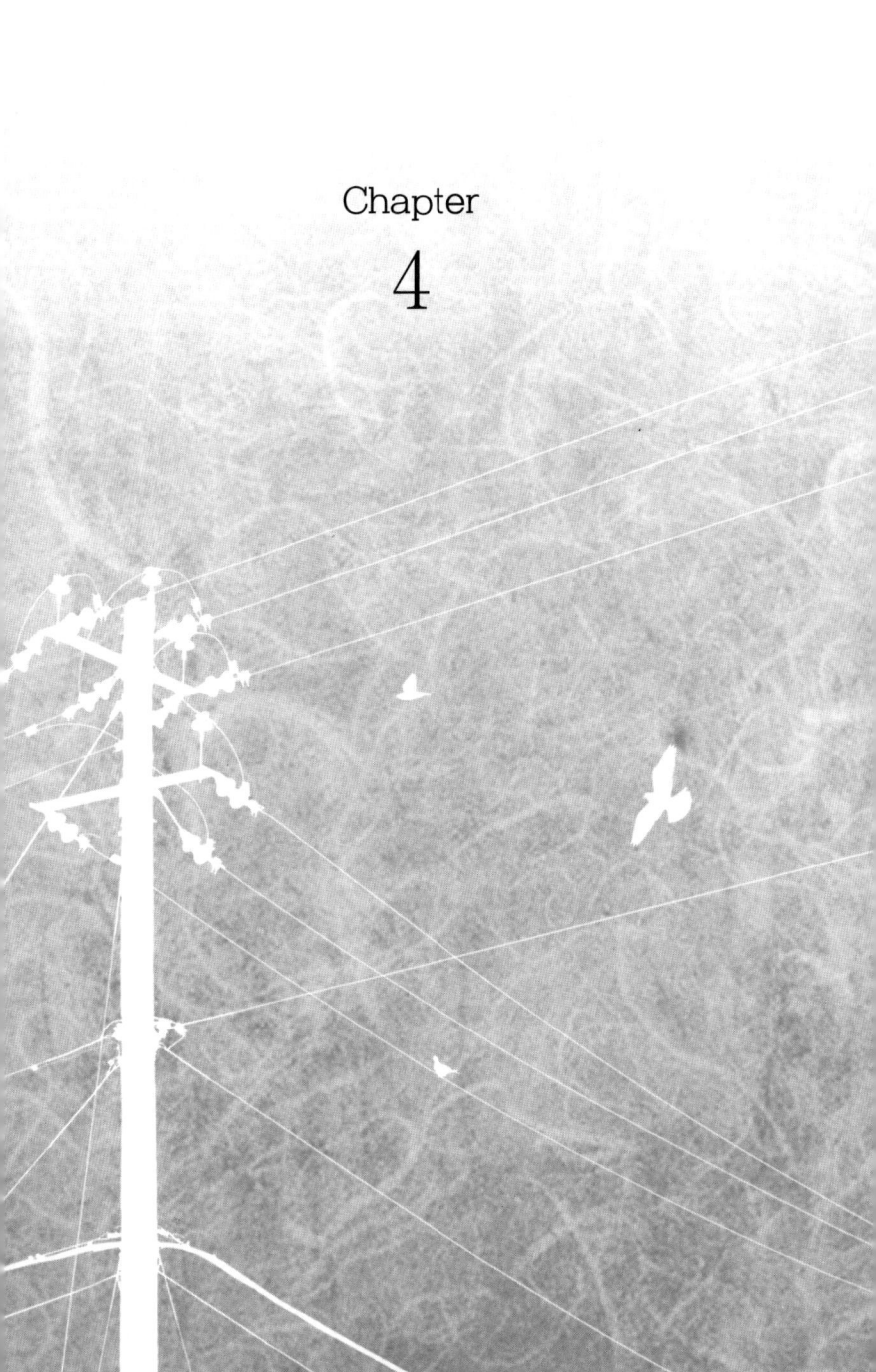

Chapter 4

세월이 흐른 후

나 어렸을 때
사랑이 무언지 몰랐다

한참 세월이 흐른 후
이제 와 생각해 보니

그토록 좋아했던 마음도
온갖 미워했던 마음도

그 모두가 사랑이었다

 ## 존재의 하늘

조용히 눈을 감으라

온갖 시끄러운 소란스러운 것들과
자질구레한 찌든 일상에서 벗어나
단지 귀 기울여 보라

마치 네 안에 아무도 없는 것처럼
무심히 가만히 안을 들여다보라

세상은 끝없는 연기와 환희 속에
한순간 물거품과 같은 것

모든 욕망을 떨쳐버리고
다만 존재의 드높은 하늘이 되라

삶의 온갖 쾌락과 고통
기쁨 슬픔조차
궁극적으로 아무런 차이가 없다

그 모두가 마음의 환영일 뿐
본래 모든 것이
공하고 공하다

누가 꿈속의 꿈을 꾸는가

평범한 것을 깨닫기까지

한때는 세상의 중심에서 외쳤다
그 모든 중심에는 항상 내가 있었다

언제나 내 위주로만 생각하고
무엇이나 내가 원하는 것은 다 되는 줄만 알았다
모든 것이 내 뜻대로 되어야만
그래야 꼭 직성이 풀렸다

결국 인생이라는 것을 배우면서
나는 내가 남과 다르다거나
뭔가 특별하다는 생각을 조금씩 고치기 시작했다

나도 다른 사람들처럼
보통 평범한 똑같은 사람에 지나지 않는다는 것을
사람은 누구나 평등하다는 것을

그 작은 진리를 깨닫기까지

나는 또 얼마나 먼 길을 눈물로 돌이켜야만 했던가
단지 내가 평범한 것을 일깨우기 위해!

 불행의 원인

가난한 사람은
가진 것이 없어
굶주림에 허덕이는 사람이 아니라
많이 가지고 있으면서도
그것을 어떻게 쓸 줄 모르는 사람이다
정작 소유가 곧 불행을 낳는 것이 아니라
그가 가진 것에 비해
너무나 적게 감사하기 때문에 불행하다

선생님의 지혜

어렸을 때 학교에서 글쓰기 시간이 있었다
우리는 모두가 한 글자 한 글자
매우 정성스럽게 써 내려갔다
그리고 선생님께 검사를 받았다
그런데 선생님께서는 다시 써오라고만 말씀하셨다
우리는 하는 수 없이 이번에는 더욱 열심히 글씨를 썼다
하지만 결과는 마찬가지였다
모두가 어리둥절한 채 어쩔 줄 모르고 있는데
그때 제일 먼저 옆에 있던 친구가 검사를 받았다
우리는 와르르 친구의 책상 앞에 모여서
다 같이 어떻게 썼는지 쳐다보았다
그런데 그 친구는 마치 지겹다는 듯
마지막에 글씨를 제 멋대로 아무렇게나 썼다
우리는 똑같이 덩달아 글씨를
제 멋대로 아무렇게나 삐뚤게 쓰기 시작했다
우리가 검사를 다 받았을 때쯤
그날 선생님께서는 그것으로 일제히 수업을 마쳤다

 에고이즘

내가 남보다 월등하다는 생각
그것이 인종차별이 아니고 무엇인가

진리의 비유

　한 바가지의 바닷물을 퍼 올린다고 해서 한 바가지의 바닷물만큼 바다가 줄어든 것은 아니다. 본래 바다는 끝이 없다. 하물며 고작 인간의 작은 머리로 저 광활한 우주와 같은 진리를 무엇으로 다 헤아려 본다 하리

 **평범한 하루**

그다지 별다른 호기심이나
아무런 특별한 일이 없는
그저 보통 평범하고 평범한 하루

한겨울에도

한겨울에도 개울가에는 얼음장마다 졸졸졸 물이 흐르고 앞산마다 나무들은 추위에도 아랑곳 않고 빈 가지에 소망을 담아 하늘로 가지를 뻗는다. 비록 불알 두 쪽마저 꽁꽁 얼어붙는 추위에 아직 달력을 넘기지 않았다고 하여 어찌 꽃피는 봄이 오지 않으랴. 이렇듯 눈 녹는 소리에 봄이 저만치 와 있거늘 사람들은 하나같이 달력만 쳐다보고 어서 빨리 봄이 오기만을 학수고대하지만 어느 것도 기다림 없이 저절로 찾아와지는 것은 없나니 겨울이 왔으면 곧 봄이 오는 것을

 삶을 위한 조언

당신이 꼭 무엇이 되어야만 하는 것은 아니다
그렇다고 아무것도 되지 말아야 한다는 것은 아니다

당신이 꼭 어딘가로 가야만 하는 것은 아니다
그렇다고 무조건 아무 데로나 가야 한다는 것은 아니다

당신이 꼭 무엇이 되어야만 하는 것도
어딘가로 가야만 하는 것도
그렇다고 무조건 아무 데로나 가야 한다는 것은 아니다

단지 그때그때 일어나는 일들에 대해
그것들을 있는 그대로 받아들이고 맞이하라

기쁨은 기쁨대로 슬픔은 슬픔대로
기쁨도 하나의 삶이며 슬픔도 똑같은 하나의 삶이다
행복과 불행 그 모든 것이 삶의 연속이다

그러므로 우선 그것들을 차례대로 맛볼 필요가 있다
마치 바닷물에 들어가면 본래 바닷물이 짠 것을 알듯

어쩌다 내가 만약 길을 잘못 들어섰을 때에는
잠시 가던 길을 멈추고 그대로 돌아서면 된다
그것은 또한 삶의 소중한 경험이 될 것이니까

꼭 어떤 논리나 원칙 정해진 길 따위는 없다
다만 그 자신의 본분에 따라 충실하면 그만일 뿐

그렇다고 그 모두를 무시해도 좋다는 것은 아니다

세상에 나와 있는 말들 중에서

당신이 하는 말을
내가 꼭 귀담아 들어야 할 의무는 없다
나 역시 내가 하는 말을
당신이 꼭 귀담아 들어야 할 의무는 없다

세상에는 당신이 아니더라도
수많은 성자들로 넘쳐나고
우리는 이미 그러한 말들을 수없이 들었다

당신은 무슨, 무슨 생각을 해야만 하고
당신은 어떤, 어떤 행동을 해야만 하고
당신은 이런, 저런 사람이 되어야만 한다

항상 이것은 옳고 저것은 틀리다는 식으로
마치 내가 아니면 안 된다는 식으로
마치 하지 말아야 할 일을 왜 하냐는 듯이

매번 다른 사람의 일에 신경 써 가며
같은 말을 계속 떠들어야만 하는 것일까

우리는 무엇을 알고 있는 것일까
아니면 모르고 있는 것일까

당신이 하는 말을
내가 꼭 귀담아 들어야 하는 것일까
아니면 일일이 노트에 적어야 하는 것일까

 타인의 죽음

누군가의 죽음이 어찌 타인만의 것이랴
나도 언젠가는 죽어야 한다는 사실을
깊이 슬퍼할 일이다

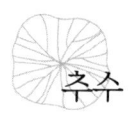# 추수

쟁기와 호미는 잘 닦아서 마른 볕에 말려 두고
나머지 곡식들도 누룩이 쓸세라 썩지 않게
곳곳 차곡차곡 뒤주 속에 잘 쌓아 두었다

 참된 앎

　내가 무엇을 안다고 해서 이 사람 저 사람 가르 치려 드는 것은 아직 무엇을 이해하지 못했을 때뿐이다. 그러므로 지적인 이해는 순전히 오해다. 삶은 책이나 경전에 의해 쓰여진 것이 아니라 오직 자기 자신의 체험을 통해 터득한 것만이 진짜 내 것이다. 참으로 아는 사람은 아무런 질문도 아무런 대답도 가지고 있지 않다. 그는 삶이 더없이 행복하니까

인간의 존재

제아무리 아름다운 사람도
언젠가는 늙게 마련이다

나라고 해서
언제까지 영원히 젊은 것도
영원히 따로 사는 것만도 아니다

사람은 누구나
나고 늙고 병들고 죽는다

태어난 모든 것이
언젠가는 흙으로 돌아간다

단 한 번도 죽지 않고
영원히 사는 사람이 있다면
그는 곧 신이지
더 이상 인간이 아니다

 삶의 계획서

내일 무슨 일이 있을지 알 수는 없다. 하지만 오늘 나에게 한 가지 계획이 있다면 그 계획을 바꾸고 수정할 수 있는 능력은 누구나가 가지고 있다. 내일 일을 걱정하고 미리 염려하기보다 오늘 일에 최선을 다하는 것이 보다 현명한 선택이다. 또 누가 알겠는가. 내일이면 내가 이 세상에 다시는 영원히 없을지… 그러므로 우선 거기 할 일을 하라

 인연

  하루는 우연히 한밤중에 수돗가에 갔다가 막 불을 켜려는 찰나 무엇인가가 내 머리위에서 느닷없이 날갯짓을 퍼덕였다. 순간 나는 심장이 멎는 것처럼 화들짝 놀랐다. 겨우 가까스로 정신을 차리고 주위를 돌아보니 거기 웬 낯선 새가 영문도 모른 채 이내 꼼짝 않고 앉아있는 것이 아닌가?

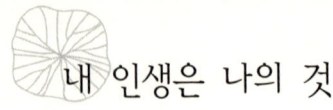 내 인생은 나의 것

가끔은 아무에게도 연락도 않고
말없이 떠나고 싶다

누구에게도 알리지 않고
무책임한 방관자가 되어
실컷 세상을 비웃어 주고 싶다

나를 얽매이는
내 모든 구속과 억압으로부터
맘껏 자유로워지고 싶다

머릿속의 복잡한 생각들일랑
잠시 어두운 세상 곁에 맡겨두고
나는 나대로 길을 떠나

어차피 답은 없는 것
애초에 찾을 것이면
아무것도 찾지도 묻지도 따지지도 마라

누구나 빈손으로 왔다가 빈손으로 가는 인생
무엇을 먹을까
무엇을 입을까
무슨 걱정 상관이랴

내 인생은 나의 것

# 청춘별곡

나는 오랫동안 남 밑에서
다른 사람의 일을 갖고 살았다

내가 할 수 있는 것이라곤
아무것도 없었다

어느 날 문득 내 자신을 되돌아보았을 때
거기 지금 내가 하고 있는 일이
하나의 직업이 되어 있었다

지금 내가 하고 있는 일이
곧 직업이란 것을 깨닫게 되면서부터
나는 비로소 안도의 한숨을 쉬었다

일은
나에게 먹을거리를 제공했고
나에게 잠자리를 제공했고

이제는 죽지 않아도 될 만큼
나 스스로 살 수 있겠다는
한 가닥 희망을 가졌다

그리고 나는
계속해서 억척스럽게 일을 했다

다른 생각을 가질 시간도
남들처럼 꿈을 꿀 여유도 없었다

나는 오직 살아야 했으므로

그리고 나를 만든 것

가난과 질병, 고통 그리고 온갖 소외감이
나로 하여금 신을 갈구하게 했다